I like it badly.

Yeah. Totally.

Like seriously what's going on.

Isn't it something?
I got it from...
the... Oh, ZARA.

I bought... uh... the...
Oh, NINTENDO SWITCH.

오늘의
반말 영어

현지인이 매일 쓰는 리얼한 영어회화

오늘의 반말 영어

kazuma 지음 | 유인애 옮김

북클라우드

영어로 반말이라고?

이 책을 집어든 당신은 분명 이렇게 생각하고 있을 겁니다. '교과서 같은 회화책은 이제 질렸어. 좀 더 그런… 왜, 그런 거 있잖아. 매일이라도 쓸 수 있는 거'.

안녕하세요, 날씨가 좋네요.
Hello. It's a beautiful day, isn't it?

네, 소풍 가기 좋은 날씨입니다.
Yes, it's a good weather for a picnic.

이런 대화 어떤가요? 왠지 어색하죠. 솔직히 아무도 이렇게 말하진 않잖아요. 물론 모르는 것보단 도움은 되겠지만요. 이제 슬슬 평소 친구와 이야기하듯 좀 더 스스럼없는 말들을 영어로 말하고 싶지 않나요?

그 원피스 진짜 너한테 딱이다. 어디 거야?
You rock that dress. Where'd you get it?

그치? 이거 좀 괜찮은 듯! 어디서 샀더라… 아, 거기거기… 그래, ZARA!
Isn't it something? I got it from… the… Oh, ZARA.

어떤가요? 실제로는 이렇게 대화하지 않나요? 전혀 거북하지 않고 그야말로 평범한 대화 같죠. 이 책에서는 그런 '영어 문장'을 '구어(口語)'로 바꾸는 표현, 구(句)와 구 사이에 있는 연결어나 대화를 시작하는 말, 누군가를 부를 때 쓰는 말, 무심결에 입 밖으로 튀어나오는 말, 억누를 수 없는 감정이 폭발할 때 나오는 말들을 소개하고 있습니다.

이 책에 실린 관용구는 제가 몇 번이나 미국으로 건너가, 뉴욕의 브루클린(Brooklyn) 등에서 생활할 때 그곳에서 만난 수많은 친구들과 많은 시간을 함께 보내며 모아온 '현지에서 사용하는 리얼한 표현'들입니다.

여러 번 미국으로 건너가면서, 생각이나 감정이 그대로 전해지는 영어회화 능력을 갖추려면, 사소하지만 현지인이 '매일', '하루에도 몇 번이고' 쓰고 있는 '리얼한 표현'을 배우는 것이 최상의 방법이라는 것을 실감했습니다.

이 책을 읽는 것만으로 말이 술술 나온다는 거짓말은 할 수 없지만, 바로 써보자, 라고 마음먹을 수 있는 쉽고 일상적인 말들을 가득 담았기 때문에 저건 그런 뜻이었구나, 이건 이렇게 말하면 되는구나, 하고 금방 깨달을 수 있을 거예요.

이 책이 당신의 일상을 다채롭게 만들고 즐거운 대화를 하는 데 도움이 되기를 바랍니다.

kazuma

→ contents

CHAPTER 1

매일의 대화

CHAPTER 2

진짜 기분

CHAPTER 3

일상생활

CHAPTER 4

금단의 슬랭

CHAPTER 5

대화를 위한 문법

CHAPTER

1

매일의 대화

—

Everyday Conversation

→ 영어로 진짜 말하고 싶어지는 건, 공항에서 절차를 밟을 때나 우체국으로 가는 방법을 설명할 때가 아니라 사실은 이런 말들을 하고 싶어질 때죠. '그치', '저기 잠깐만', '어, 완전 괜찮다'처럼 아주 사소하고 별것도 아닌 순간들요. 이런 말들은 바로 잘 떠오르지도 않고, 교과서나 문제집에도 나오지 않아 더 막막하죠. 여기에서는 우리의 매일을 채우는 일상적인 말들을 모아보았습니다.

1

1

대답

「맞아」「그런 것 같아」

1. 맞아.
2. 그런 것 같아.
3. 그런 느낌.
4. 아마도.
5. 이해했다는 뜻으로
   알 거 같아.
6. 그럴 수 있지.
7. 그래?

→ 13

①

Responses

「True」「I guess so」

① True.

② I guess so.

③ Kind of.

④ Probably.

⑤ I get it.

⑥ Could be.

⑦ Is that so?

→ 14

②

맞장구

「그치, 그렇잖아」「인정!」

① 그치, 그렇잖아.

② 어, 완전.

③ 그러네.

④ 그렇구나.

⑤ 믿어져?

⑥ 인정!

⑦ 맞아, 진짜 그래.

②

Responding to responses

「I know」「Yeah totally」

① I know.

② Yeah totally.

③ It is.

상대가 It's~라고 말하면 It is로, 상대가 He went~라고 말하면 He did로 답해요.
상대와 시제를 맞춰 일반동사에는 do를, be동사에는 is나 am 등으로 답하면 OK.

④ You think so too don't you.

⑤ Can you believe it?

⑥ I know, right?

물음표로 끝나지만 맞장구치는 말입니다. 「그래, 맞아」 같은 느낌이에요.
젊은 사람들 사이에서 많이 쓰는 말입니다.

⑦ You can say that again.

→ 16

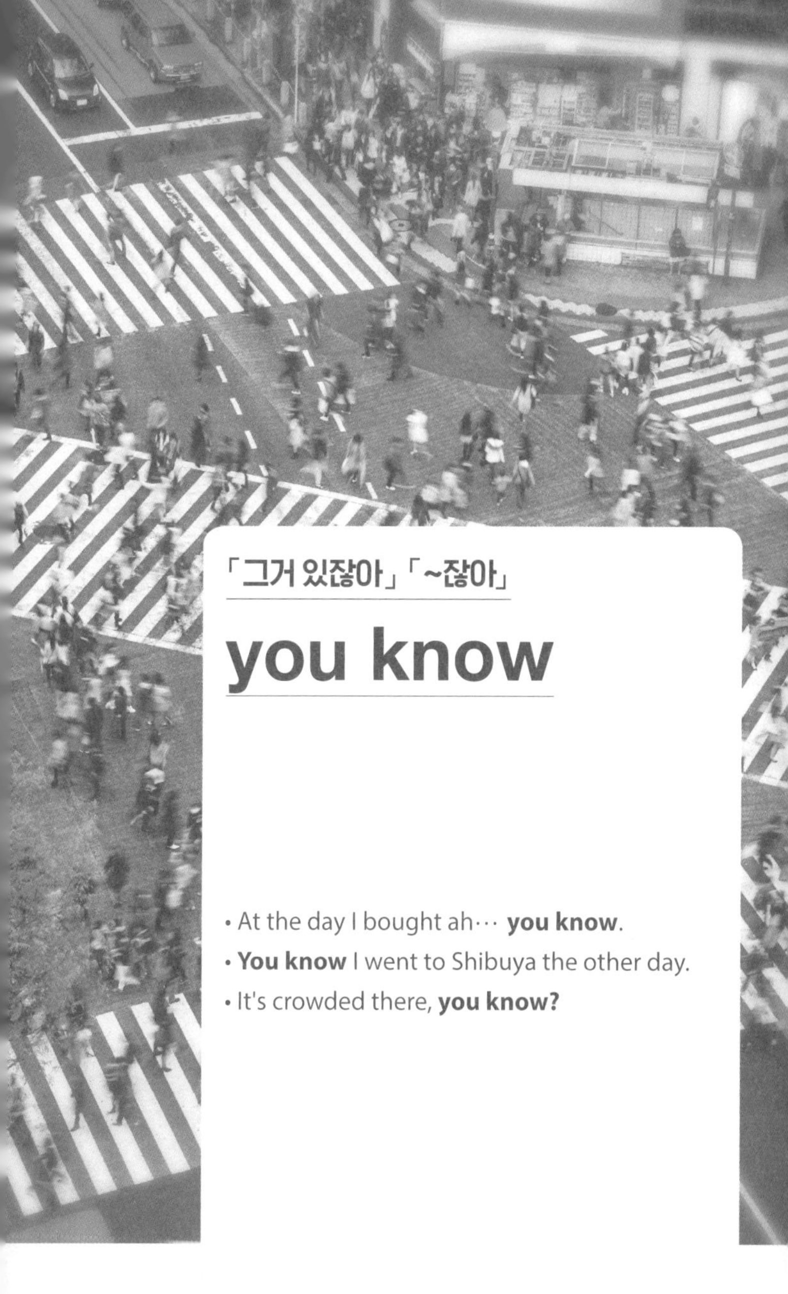

「그거 있잖아」「~잖아」

you know

- At the day I bought ah··· **you know**.
- **You know** I went to Shibuya the other day.
- It's crowded there, **you know?**

→ 17

「그거 있잖아」「~잖아」▶ you know

you know는 다음의 세 패턴으로 쓸 수 있습니다.

① 말이 나오지 않을 때의 '그거 있잖아'

저번에 저거 샀는데, 그거 있잖아.
At the day I bought ah··· you know.

② 상대가 알고 있는 것을 말할 때의 '~잖아'

나 저번에 시부야 갔었잖아.
You know I went to Shibuya the other day.

③ 상대에게 동의를 구할 때의 '~잖아?'

저쪽 막히잖아?
It's crowded there, you know?

딱 잘라 말하지 않고 확인을 구하며 말하기 때문에 상대도 맞장구를 치기 쉬워요.

다시 한번 확인하면 다음과 같은 세 가지 패턴입니다.
① 말이 나오지 않을 때의 '그거 있잖아'
② 상대가 알고 있는 것을 말할 때의 '~잖아'
③ 상대에게 동의를 구할 때의 '~잖아?'

①은 너무 많이 쓰면 '그거, 그거'를 연발하는 사람이 될 수 있으니 균형 있게 쓰도록 합시다.

3

빈정대는 말

「그래서?」「어찌 되든 상관없잖아?」

① 그래서?

② 어찌 되든 상관없잖아?

③ 그래서 뭐?

④ 그건 아닌 것 같은데·과연 네 말이 맞을까? 하는 느낌으로
그으래?

⑤ 그럴지도.

⑥ 마음대로 하라는 느낌으로
그러면 되겠네.

⑦ 또 시작이냐.

→ 19

3

Provoking

「And then?」「Who cares?」

다음의 말들은 문자 그대로가 빈정대는 표현인 게 아니라 '상황에 따라 빈정대는 뉘앙스로 쓸 수 있는 것'들입니다. 표정이나 목소리 톤, 전후의 문맥에 따라 빈정대는 말로도, 보통의 말로도 통하기 때문에 만약 이런 말을 듣는다고 해도 상대가 반드시 빈정대는 것은 아니니 걱정하지 마세요. 괜찮아요!

1. **And then?**
2. **Who cares?**
3. **So what?**
4. **Who knows?**
5. **Maybe.**
6. **If you say so.**
7. **Here we go.**

「그럼」「그러면」

then

- **Then** I'll wait.
- **Then** I won't go.
- **Then** let's go.

「그럼」「그러면」▸ then

우리말로 '그럼', '그러면'과 완전히 같은 의미로 쓰이기 때문에 영어로 말할 때도 굉장히 자주 말하게 되는 표현입니다.

그럼 기다릴게.
Then I'll wait.

그러면 갈까.
Then let's go.

그럼 안 갈래.
Then I won't go.

그럼 왜?
Then why?

then이라고 한 뒤, 한 템포 쉬고서 말을 이어가면 생뚱맞은 느낌이 없어 훨씬 자연스럽고 부드러워집니다.
아래처럼 '~하면(그렇게 되면)'이라는 뜻으로 말을 연결할 때에도 쓰입니다.

밤늦게까지 자지 않으면 늦잠 잔다.
If you stay up late, then you'll be late.

역에 도착하면 전화해.
When you get to the station, then call me.

오후에 짐이 도착할 것 같으니까 받아놔줘.
My package might come this afternoon,
then receive it.

④

부르는 말

「저기」「(작은 소리로) 저기 잠깐만」

① **저기.**

② 작은 소리로
저기 잠깐만.

③ **야.**

④ 보고할 때
이봐.

⑤ 제안할 때
있잖아.

⑥ 그래서 말인데
그게.

⑦ **들어봐.**

4

Getting someone's attention

「Say」「Psst」

1. Say.
2. Psst.
3. Yo.
4. (Guess/You know) what.
5. I know what.
6. So.
7. Look.
   화제에 주목하라는 느낌입니다.

→ 24

「근데 진짜」

like seriously

- **Like seriously** what's going on?
- **Like seriously** shut up.
- **Like seriously** I'm starving to death.

「근데 진짜」▸ like seriously

like seriously는 우리말로 '근데 진짜'가 딱 맞는 표현이에요. 미국에서도 젊은 층이 자주 쓰는 말입니다.

근데 진짜 뭔 일?
Like seriously what's going on?

근데 진짜 닥쳐.
Like seriously shut up.

근데 진짜 배고파 죽겠어.
Like seriously I'm starving to death.

lyk srsly라고 인터넷용 줄임말로 쓸 수도 있습니다. 상당히 캐주얼한 말이기 때문에 무리해서 쓰지 않아도 되지만, 알고 있으면 말하는 사람의 분위기 같은 걸 읽을 수 있어서 편리합니다.
남성도 쓰지만, 여성이 더 자주 쓰는 느낌이에요.
문장 마지막에 말해도 되고, 아래처럼 말 사이를 띄어서 조금 다른 뉘앙스로 질문할 수도 있습니다.

근데… 진짜?
Like… seriously?

5

말문이 막힐 때

「그러니까」「뭐랄까」

① 그러니까.

② 뭐랄까.

③ 뭐라고 말해야 할까.

④ 어디 보자.

⑤ 그렇군.

⑥ 마치.

⑦ 말이 나오지 않을 때
…….

5

When at a loss for words

「Let's see」「What to say」

① Let's see.

② What to say.

③ How can I (say/put this).

④ Let me see.

⑤ Well.

⑥ Like.

⑦ The.

'I bought… uh… the… oh, NINTENDO SWITCH. (그거 샀어, 아 그거… 그래그래 닌텐도 스위치.)'처럼 잘 생각나지 않는 단어를 떠올릴 때까지의 연결어로 쓸 수 있습니다.

→ 28

6

아무것도 아니야

「그냥 물어본 거야」「그냥 궁금해서」

1. 그냥 물어본 거야.
2. 그냥 궁금해서.
3. 아무것도 아니야.
4. 그냥 혼잣말이야.
5. 신경 안 써도 돼.
6. 이제 됐어.
7. 화제를 돌리면서
   그것보다.

→ 29

6

Letting things go

「Just asking」「Just my curiosity」

① Just asking.

② Just my curiosity.

③ It's nothing.

④ I was just mumbling.

⑤ Never mind.

⑥ Don't care anymore.

⑦ Rather.

→ 30

「왠지 모르게」

kind of

- It's **kind of** heavy.
- Yeah **kind of.**
- I **kind of** like it.

「왠지 모르게」▸ kind of

kind of는 '왠지 모르게', '간단하게', '왠지' 같은 의미로 자주 쓰는 말입니다. sort of도 마찬가지예요.

왠지 무거워.
It's kind of heavy.

왠지 좋아.
I kind of like it.

간단하게 해 봤어.
I kind of tried it.

하는 게 좋은 것 같아.
I kind of have to.

비교적 아무래도 상관없어.
I kind of don't care.

가족 비슷한 존재야.
He's kind of my family.

아래처럼 맞장구칠 때도 사용할 수 있어요.

아, 그런 느낌.
Yeah kind of.

방금 이 말 진짜 자주 씁니다. 가끔은 귀에 거슬릴 정도로요. 그만큼 여기저기 사용하기 편리한 말입니다.

7

되묻는 말

「미안, 뭐라고?」「무슨 뜻이야?」

1. 미안, 뭐라고?
2. 무슨 뜻이야?
3. 뭐야?
4. 예를 들면?
5. 다시 말해줄래?
6. 어째서?
7. 뭐였더라?

7

Asking again

「Sorry?」「Specifically?」

① Sorry?

② Specifically?

③ What was that?

④ Like what?

⑤ Say that again?

⑥ How come?

⑦ Where were we?

'어디까지 했지?', '무슨 얘기 했었지?'라는 의미예요.

→ 34

「~라고?」

again

- What's his/her name **again?**
- Where did you go **again?**
- What kind of guy/girl is your type **again?**

「~라고?」▶ again

질문의 마지막에 덧붙여 깜빡한 것을 다시 한번 물을 때 쓸 수 있습니다. '~라고?' 하고 말하는 것과 같아요.

그 녀석 이름이 뭐라고?
What's his/her name again?

어디 간다고?
Where did you go again?

좋아하는 타입이 뭐였다고?
What kind of guy/girl is your type again?

again을 사용하면 별다른 설명 없이도 '전에 말한 건 제대로 기억하고 있어. 내용이 떠오르지 않는 것뿐이야'라고 자연스럽게 어필할 수 있습니다. 그렇게 실례되는 표현이 아니라서 가게에서 손님에게 써도 무방해요.

다시 한번 주문 확인해주시겠어요?
Could I have your order again?

8

대화를 시작하는 말 ①

「솔직히 말해서」「일단」

① 솔직히 말해서.

② 일단.

③ 그 말은.

④ 그러면.

⑤ 그것보다.

⑥ 어느 쪽으로 하든.

⑦ 게다가.

→ 37

8

Conversation Starters ①

「To tell the truth」「For now」

1. To tell the truth.
2. For now.
3. That means.
4. In that case.
5. More importantly.
6. In either case.
7. Moreover.

→ 38

9

대화를 시작하는 말 ②

「어떤 면에서」「그건 됐고」

① 어떤 면에서.

② 그건 됐고.

③ 적어도.

④ 어쨌든.

⑤ 설마.

⑥ 이대로라면.

⑦ 분명히.

→ 39

9

Conversation Starters ②

「In a way」「That aside」

① In a way.

② That aside.

③ At least.

④ No matter what.

⑤ Don't tell me.

⑥ At this rate.

⑦ Obviously.

→ 40

「~인 게 아니야」

it's not that

- **It's not that** I don't want to go.
- **It's not that** I don't like it.
- **It's not that** I can't do it.

「~인 게 아니야」▶ it's not that

'~인 게 아니야'라는 의미로 부정을 부정할 때 자주 쓰입니다.

가기 싫다는 게 아니야.
It's not that I don't want to go.

싫다는 게 아니야.
It's not that I don't like it.

할 수 없다는 게 아니야.
It's not that I can't do it.

부정하는 것으로만 의미가 한정되지도 않고, 게다가 이어지는 문장이 얼마나 길든 상관없이 앞에 It's not that만 붙이면 돼서 편하게 쓸 수 있죠.
(It's) just (that)…처럼 이어서, '그저 …인 거야'라는 연결 방식도 가능합니다.

못 하는 게 아니라, 그저 안 하는 거야.
It's not that I can't do it. I just don't do it.

10

~하다가 말다가

「자다 깨다 했어」「비가 내렸다 그쳤다 해」

1. 자다 깨다 했어.
2. 비가 내렸다 그쳤다 해.
3. 가다 말다 했어.
4. 기분이 좋았다 나빴다 해.
5. 금연(과 좌절)을 반복 중이야.
6. 만났다 헤어졌다 하고 있어.
7. 보다 말다 하고 있어.

→ 43

⑩

On and off

「I slept on and off」「It's raining on and off」

① **I slept on and off.**

② **It's raining on and off.**

③ **I've been there on and off.**

④ **I feel better on and off.**

⑤ **I've been trying to quit smoking on and off.**

⑥ **We've been dating on and off.**

be dating(시험 삼아 두루 만나보는 기간)→be seeing(한 명으로 좁힌 확인 기간)→be in a serious relationship(진지한 교제)으로 발전해가는 방식이 미국의 일반적인 연애 단계입니다.

⑦ **I've been watching it on and off.**

→ 44

11

반대의 의미를 더한 말

「이것저것」「왔다 갔다」

1. 이것저것.
2. 여기저기.
3. 좋았다가 나빴다가.
4. 왔다 갔다.
5. 조만간에.
6. 다소.
7. 좋든 나쁘든.

→ 45

⑪

Combining opposite words

「This and that」「Here and there」

① This and that.

② Here and there.

③ Up and down.

④ Back and forth.

⑤ Sooner or later.

⑥ More or less.

⑦ Better or worse.

→ 46

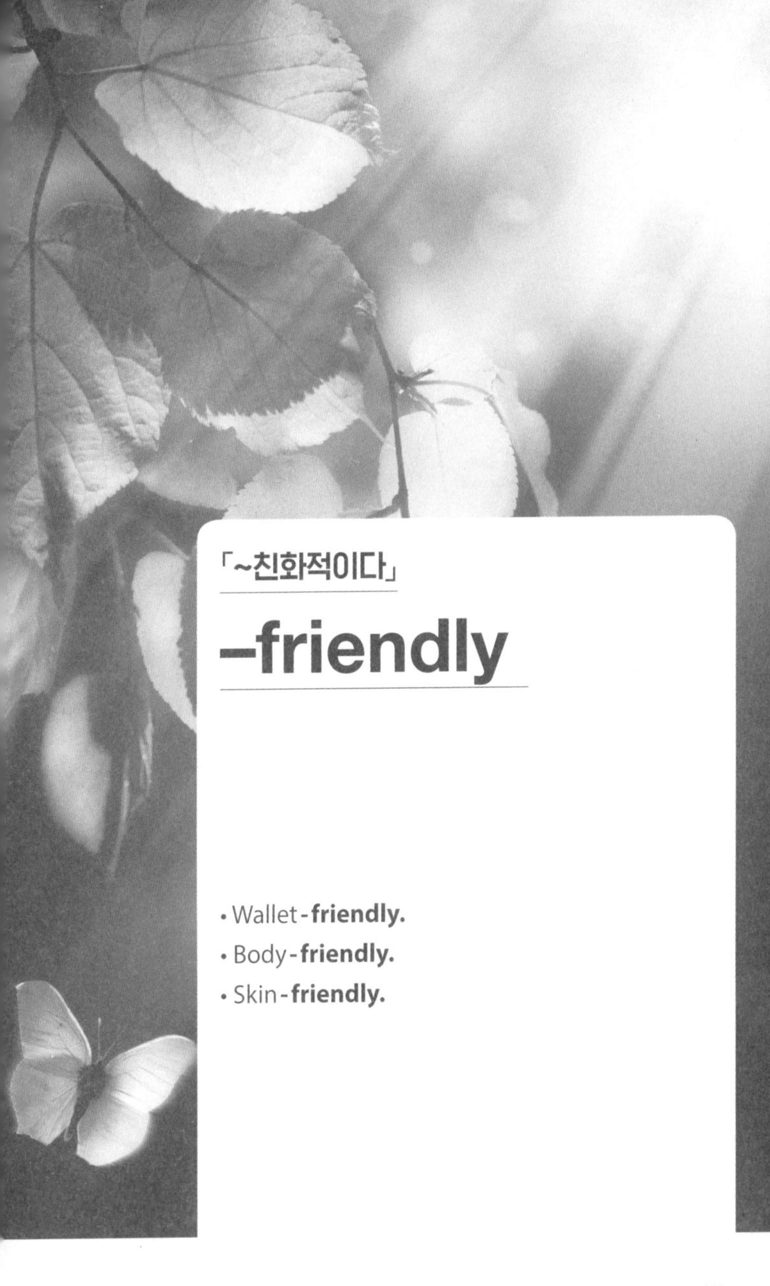

「~친화적이다」

–friendly

- Wallet-**friendly.**
- Body-**friendly.**
- Skin-**friendly.**

「~친화적이다」▶ - friendly

단어 뒤에 붙여 대상을 불문하고 '친화적이다'라는 의미로 쓸 수 있습니다. 요즘 우리도 종종 쓰는 '유저프렌들리' 같은 말이 그 예죠.

지갑 친화적이다.
Wallet-friendly.

신체 친화적이다.
Body-friendly.

피부 친화적이다.
Skin-friendly.

자연 친화적이다.
Nature-friendly.

환경 친화적이다.
Environment-friendly.

동물 친화적이다, 동물 동반 OK.
Animal-friendly.

⑫

맨 앞에 붙는 말 ①

「진짜」「문자 그대로, 진지하게」

① 진짜.

② 문자 그대로, 진지하게.

③ 보통은.

④ 평소는.

⑤ 기본적으로.

⑥ 일반적으로.

⑦ 실제는, 의외로, 역시.

12

Adding extra information ①

「Seriously」「Literally」

① Seriously.

② Literally.

③ Normally.

④ Usually.

⑤ Basically.

⑥ Generally.

⑦ Actually.

→ 50

⑬

맨 앞에 붙는 말 ②

「우연히」「운 좋게」

① 우연히.

② 운 좋게.

③ 가끔은.

④ 옛날부터.

⑤ 단순히.

⑥ 개인적으로.

⑦ 솔직히 말하면.

→ 51

⑬

Adding extra information ②

「Accidentally」「Luckily」

① Accidentally.

② Luckily.

③ Occasionally.

④ Traditionally.

⑤ Simply.

⑥ Personally.

⑦ Frankly.

→ 52

「~지만 말이야」

though

- It's funny **though.**
- It's just a hunch **though.**
- Maybe, I don't know **though.**

「~지만 말이야」 ▸ though

문장의 마지막에 들어가기만 해도, '~지만 말이야'라는 의미가 됩니다. but 대신 though를 써보세요.

재밌지만 말이야.
It's funny though.

그냥 감이지만 말이야.
It's just a hunch though.

그럴지도 모르지만 말이야.
Maybe, I don't know though.

maybe는 '아마'가 아니라 '그럴지도 몰라' 정도의 의미로 쓰입니다. 연발하면 '모호한 말만 하는 녀석'이라는 인상을 줄 수 있으니 '아마'라고 말하고 싶을 땐 probably를 추천합니다.

이것도 무의식중에 많이 쓰는 표현입니다. 우리말로 but과 though는 '그래도'와 '하지만'을 쓸 때처럼 구분해서 쓰면 돼요.

but은 비교를 표현합니다.

그래도 어려워.
But it's hard.

though는 정보를 보충합니다.

어렵긴 하지만.
It's hard though.

CHAPTER

2

진짜 기분

—

Expressing true feelings

→ 머리끝까지 화가 나도 '나는 화가 났습니다', 뛸 듯이 기뻐도 '나는 매우 기쁩니다'밖에 말하지 못해 난감할 때가 많지 않나요? 이제는 슬슬 좀 더 감정을 담아 지금 느끼는 기분을 제대로 전하고 싶어집니다. 이번 Chapter에서는 설명적이지 않고 마음에서 우러나오는, 무심코 내뱉고 마는 그런 말들을 소개하겠습니다.

2

1

끝내준다

「쩐다」「장난 아닌데?」

1 **쩐다.**

2 **장난 아닌데?**

3 '완전 그래', '완전 끝내줘' 이런 느낌으로
완전.

4 요즘 말로 '실화냐', '레알', '진심!' 이런 느낌으로
진짜로.

5 좋은 의미로
끝내준다!

6 망했다는 의미로
아, 완전 끝내주네.

7 양쪽 모두의 의미로
끝내준다.

①

When impressed

「Badass」「Something else」

① **Badass.**

② **Something else.**

③ **Totally.**

④ **For real.**

⑤ **Awesome!**

⑥ **I'm in deep shit.**
좋지 않은 표현이기 때문에 정말 큰일일 때(심각한 궁지) 말고는 쓰지 말고 참고 정도만 해주세요.

⑦ **Damn.**
자세한 건 159쪽을 봐주세요.

「몹시」「너무」

badly

- I want it **badly.**
- I like it **badly.**
- I miss you **badly.**

「몹시」「너무」▸ badly

원래 '나쁘다'라는 의미를 가진 bad이지만 '몹시', '너무'라는 느낌의 긍정적인 강조로도 쓸 수 있습니다.

너무할 정도로 원해.
I want it badly.

몹시 마음에 들었다.
I like it badly.

너무 보고 싶다.
I miss you badly.

같은 사용법으로 so bad도 있습니다.
어떤 문장에든 쓸 수 있어서, 좋거나 나쁘거나 양쪽 모두의 의미로 쓸 수 있어요. 앞뒤 문장이나 표정, 목소리 톤 등을 통해 어떤 의미로 말했는지 알 수 있겠죠!

그 녀석 너무해. 쉽게 잘라내네.
He is so bad. He snaps easily.

그 녀석 너무해. 혼자서 3골이나 넣었어.
He is so bad. He scored 3 goals by himself.

2

귀찮아

「귀찮게 하네」「성가신 녀석」

1. 귀찮게 하네.
2. 성가신 녀석.
3. 방해돼.
4. 시끄러워.
5. 나서지 마.
6. 그만 좀 해줄래?
7. 너무 성가셔.

②

When fed up

「You're annoying」「He/She's a pest」

① You're annoying.

② He/She's a pest.

③ You're in the way.

④ Don't bug me.

⑤ Stop interrupting.

⑥ Do you mind?

⑦ Too bothering.

→ 62

3

촌스러워

「싸구려 같아, 촌스러워」「진부해, 뻔해」

1. 싸구려 같아, 촌스러워.
2. 진부해, 뻔해.
3. 약해, 맥빠지네.
4. 꾸민 티 너무 나, 좀 구려.
5. 싫증 나, 너무 흔해.
6. 좀 떨어져 보여.
7. 초라해 보여.

3

Describing uncool things

「Tacky」「Corny」

1. Tacky.
2. Corny.
3. Lame.
4. Cheesy.
5. (Too) Basic.
6. Inferior.
7. Sleazy.

→ 64

「~하고 싶은 기분」

feel like

- I **feel like** crying.
- I **feel like** eating sweets.
- I **feel like** beer.

「~하고 싶은 기분」▶ feel like

want to보다 조금 소극적인 표현이에요. '~하고 싶은 기분'이라는 의미이고, 이것도 자주 쓰는 말입니다.

울고 싶은 기분이야.
I feel like crying.

단 거 먹고 싶은 기분.
I feel like eating sweets.

feel like 뒤에 대상을 가리키는 명사를 둬도 됩니다.

맥주 마시고 싶은 기분.
I feel like beer.

다음과 같이 '~같은 느낌이 들어'라는 식으로 쓸 수도 있습니다.

감기 걸릴 것 같은 느낌이 들어.
I feel like I'm getting a cold.

뭐든 할 수 있을 것 같은 느낌이 들어.
I feel like I can do anything.

feel like 바로 뒤에 대상을 가리키는 명사를 두고 있을 때는 '~의 기분'으로 쓰인다고 기억하면 돼요.

④

화나

「열 받아」「속상해」

① 열 받아.

② 화가 치밀어.

③ 미친 듯이 화가 나.

④ 짜증 나.

⑤ 속상해.

⑥ 화나.

⑦ 너무 화나.

④

Anger

「I flip (out)」「I snap」

① I flip (out).

② I snap.

③ I'm mad.

④ I'm irritated.

⑤ I'm upset.

⑥ I'm pissed off.

⑦ I'm furious.

→ 68

5

이제 싫다

「이제 싫어」「골치 아파」

① 이제 싫어.

② 골치 아파.

③ 이제 진절머리 나.

④ 따분해.

⑤ 좋은 의미로도
미치겠어.

⑥ 구역질 나.

⑦ 넌더리 나.

⑤

Boredom

「I'm fed up」「It's tiresome」

① I'm fed up.

② It's tiresome.

③ I'm sick of this.

④ It's tedious.

⑤ You are killing me.

⑥ I'm disgusted.

⑦ I'm weary.

→ 70

6

지쳤어

「녹초가 됐어」「너덜너덜해졌어」

1. 진이 다 빠져서
녹초가 됐어.

2. 맞은 것처럼
기진맥진해.

3. 닳고 닳아서
너덜너덜해졌어.

4. 착취당해서
지쳐버렸어.

5. 다 써버려서
아슬아슬해.

6. **힘들어서 죽을 것 같아.**

7. **정신적으로 힘들어.**

⑥

Expressing boredom

「I'm exhausted」「I'm beat」

① I'm exhausted.

② I'm beat.

③ I'm worn out.

④ I'm drained.

⑤ I'm spent.

⑥ I'm dead tired.

⑦ I'm mentally tired.

→ 72

「~가 없어」

out of

- I'm **out of** money.
- I'm **out of** ideas.
- I'm **out of** patience.

「~가 없어」▶ out of

I'm 등에 이어 '~가 똑 떨어지다'라는 의미로 쓸 수 있습니다.
lose는 '잃다'라는 느낌이고, 이건 '써서 없어지다'라는 느낌이에요.

돈이 없어.
I'm out of money.

아이디어가 없어.
I'm out of ideas.

이제 참지 않아.
I'm out of patience.

앞에 running을 두면 '없어지고 있다'가 됩니다.

와인이 없어지고 있다.
We are running out of wine.

쓸 곳이 없어지고 있다.
I'm running out of space to write.

7

감탄사 ①

「허」「어머머」

1. 놀람, 화남의 의미로 '뭐!'라고 하고 싶은 순간에
허.

2. 놀라거나 약간은 비꼴 때
어머머.

3. 약간 실망했을 때
이런, 이런.

4. 무슨 문제가 있을 때
어어!

5. 놀람, 분노, 불쾌감의 의미로
아오.

6. 한숨을 내쉴 만한 상황에서, 체념하듯
맙소사.

7. 뜻밖의 일로 놀랐을 때
어이구.

⑦

Interjections ①

「Huh」「My my」

① **Huh.**

② **My my.**

③ **Well well.**

④ **Uh-oh.**

⑤ **Sheesh.**
Jesus 또는 Shit의 약한 표현쯤 돼요.

⑥ **Boy.**
놀람, 기쁨, 슬픔의 의미로도 쓸 수 있는 표현으로, 소년을 가리키는 것이 아닙니다. Girl이라고는 하지 않아요.

⑦ **Whoa.**

→ 76

8

감탄사 ②

「웩」「헉」

1 역겨운 것을 보거나 겪었을 때

웩.

2 '아차', '큰일났다', '위험했다'라고 생각했을 때

헉.

3 곤란해서 헛기침할 때

흠.

4 정확히 전달할 필요가 없는 말을 대신해서

어쩌고저쩌고.

5 ~라든지 기타 등등…

등등.

6 빨리 하라고 채근하면서

자, 자.

7 화제를 전환하면서

자, 그래서.

8

Interjections ②

「Ew」「Shoot」

① **Ew.**

② **Shoot.**

③ **Ahem.**

④ **Blah-blah.**

⑤ **Da da da.**

⑥ **Chop-chop.**
선생이 학생에게 '자자, 빨리하세요'라고 손뼉을 치면서 말하는 이미지와 같아요. 영어에서도 손뼉을 치면서 말한다는 인상이 있습니다.

⑦ **So.**

→ 78

「뭐가 ~하냐면」

What's ~ is.

- **What's** sad **is.**
- **What's** happy **is.**
- **What's** annoying **is.**

「뭐가 ~하냐면」▶ What's ~ is.

What's ~ is의 ~자리에 형용사(사물을 설명)를 넣어 서두로 쓸 수 있습니다.

무엇이 슬프냐면.
What's sad is.

무엇이 기쁘냐면.
What's happy is.

무엇이 짜증나느냐면.
What's annoying is.

무엇이 대단하냐면.
What's great is.

문장도 넣을 수 있어요.

무엇이 가장 중요하냐면.
What's most important is.

What's ~ is를 써서 다음과 같이 주목하게 만든 후에 문장을 이으면, 도치 비슷하게 쓸 수도 있어요.

무엇이 대단하냐면, 이번이 첫 경험이라는 거야.
What's great is, this is the first time for him.

9

굴복하다

「의기소침해」「울적해」

1. 의기소침해.
2. 울적해.
3. 항복.
4. 풀 죽네.
5. 우울해.
6. 실망했어.
7. 괴로워.

9

Despondence

「I'm down」「I feel blue」

1. I'm down.
2. I feel blue.
3. I give up.
4. I'm bummed.
5. I'm depressed.
6. I'm disappointed.
7. I'm afflicted.

→ 82

⑩

의태어 ①

「어슬렁어슬렁 걷다」「정처 없이 어슬렁거리다」

① 어슬렁어슬렁 걷다.

② 정처 없이 어슬렁거리다.

③ 재잘재잘 떠들다.

④ 횡설수설 떠들다.

⑤ 우드득우드득 갉아먹다.

⑥ 우적우적 먹다.

⑦ 꿀꺽꿀꺽 마시다.

→ 83

⑩

Mimetic words ①

「Amble」「Stroll」

① Amble.

② Stroll.

③ Babble.

④ Blabber.

⑤ Gnaw.

⑥ Munch.

⑦ Glug.

→ 84

11

의태어 ②

「톡톡 치다」「단단한」

① 톡톡 치다.

② 단단한.

③ 번쩍거리는.

④ 질척질척한.

⑤ 반짝반짝.

⑥ 덥수룩한.

⑦ 끈적끈적한.

→ 85

⑪

Mimetic words ②

「Pat」「Sturdy」

① Pat.

② Sturdy.

③ Bling-bling.

④ Sloppy.

⑤ Shiny.

⑥ Shaggy.

⑦ Slimy.

→ 86

「귀여워」 구분하기

- Cute.
- Pretty.
- Beautiful.

「귀여워」 구분하기

She is 등에 이어서 쓰면 단어 하나만으로도 그 사람이 어떠한 모습인지, 분위기인지를 설명할 수 있습니다.

분위기가 귀엽다.
Cute.

얼굴이 예쁘다.
Pretty.

전체적으로 아름답다.
Beautiful.

화려하다.
Gorgeous.

고급스럽다.
Classy.

도회적이다.
Sophisticated.

자극적이다.
Hot.

외모도 행동도 귀여워.
Cute and pretty.

cute는 '연인으로서 매력적, 멋짐'이라는 의미로 성별을 불문하고 쓸 수 있기 때문에 자주 나오는 표현입니다.

⑫

푹 빠졌어

「~에 푹 빠졌어」「~광」

① ~에 푹 빠졌어.

② ~ 광.

③ ~에 중독됐어.

④ ~에 열중하고 있어.

⑤ ~에 심취했어.

⑥ ~에 몰두하고 있어.

⑦ ~에 빠졌어.

→ 89

12

Enthusiasm

「I'm hooked on」「~ freak/nut」

1. I'm hooked on ~ .
2. ~ freak/nut.
3. I'm addicted to ~ .
4. I'm crazy/nuts about ~ .
5. I'm absorbed in ~ .
6. I'm involved in ~ .
7. I'm into ~ .

→ 90

⑬

쫄았어

「덜덜 떨려」「깜짝 놀랐어」

① 덜덜 떨려.

② 깜짝 놀랐어.

③ 쫄았어.

④ 무서워.

⑤ 두려워.

⑥ 공포에 떨고 있어.

⑦ 기가 꺾였어.

13

Fear

「I'm shaky」「I'm frightened」

1. I'm shaky.
2. I'm frightened.
3. I chicken out.
4. I'm scared.
5. I'm afraid.
6. I'm terrified.
7. I'm daunted.

→ 92

「~같아」

-ish

- Johnny Depp-**ish**.
- Yes-**ish**.
- 1960-**ish**.

「~같아」▶ - ish

어디에나 붙여서 '~같아'라는 의미로 쓰거나 애매함을 표현할 때 씁니다.

조니 뎁 같아.
Johnny Depp-ish.

맞는 것 같아.
Yes-ish.

1960년대 같아.
1960-ish.

10시나 그쯤. **(대체로 지각하는 녀석이 하는 말.)**
10:00-ish.

오른쪽 같은 중앙.
Right-ish center.

불가능 같아.
Impossible-ish.

미묘한 표현을 할 때의 구어적인 표현으로, 이것도 꽤 가벼운 느낌으로 쓰입니다.

14

기분

「오싹오싹해」「두근두근해」

① 오싹오싹해.

② 두근두근해.

③ 싱숭생숭해.

④ 안달복달해.

⑤ 조마조마해.

⑥ 불끈불끈해.

⑦ 허둥지둥해.

→ 95

14 Feelings

「I'm thrilled」「I'm excited」

1. I'm thrilled.
2. I'm excited.
3. I'm restless.
4. I'm irritated.
5. I'm insecure.
6. I'm aroused.
7. I'm flustered.

→ 96

「~라는 말이야?」

you mean

- **You mean** you like him?
- **You mean** me?
- **You mean** something like this right?

「~라는 말이야?」▸ you mean

무언가를 확인할 때 묻고 싶은 것 앞에 you mean을 두면 '~라는 말이야?'라는 의미로 쓸 수 있습니다.

저 녀석이 좋다는 말이야?
You mean you like him?

나 말이야?
You mean me?

마지막에 right?를 붙이면 '라는 거 맞지?'라는 느낌으로 쓸 수 있어요.

이런 느낌이라는 거 맞지?
You mean something like this right?

애드리브로 했다는 거 맞지?
You mean you winged it, right?

이거 그거 맞지?
You mean this is the one right?

CHAPTER

3

일상생활

—

Daily life

⟶ 간단한 일상 영어회화를 알려준다는 책은 많이 나와 있지만, 솔직히 그런 책을 볼 때마다 이런 생각이 듭니다. '대체 이런 걸 언제 쓰지?' 그랬던 경험을 바탕으로 지극히 개인적인 기준에서 '그런 말을 하려면 이게 맞지' 싶은 문장들을 모았습니다. 전부 외울 필요 없으니, 마음에 드는 문장을 골라서 대화에 사용해보세요.

3

①

만나서 처음 하는 말

「어떻게 지내?」「요즘 뭔 일 없지?」

① 어떻게 지내?

② 잘 지내?

③ 오랜만인 상대에게
요즘 여러모로 어때?

④ 오랜만인 상대에게
요새 어떻게 지냈어?

⑤ 지금 뭐해?

⑥ 별일 없지?

⑦ 요즘 뭔 일 없지?

①

First greetings of the day

「How's it going?」「How's everything?」

1. How's it going?
2. How's everything?
3. How's things?
4. How've you been?
5. What are you up to?
6. What's going on?
7. What's new?
   what 계열은 캐주얼한 느낌으로 How are you?라고 말한 후에 덧붙이기도 합니다.

→ 102

②

How are you?에 대한 대답

「그냥 그래」「겨우겨우 살아」

① 그냥 그래.

② 잘 지내.

③ 마이크, 잘 있었어?

④ 완전 좋아.

⑤ 나쁘지 않아.

⑥ 그럭저럭 버티고 있어.

⑦ 겨우겨우 살아.

②

Responding to 「How are you?」

「I'm OK」「I'm good」

① **I'm OK.**

매일 만나는 상대에게 자주 쓰는 표현입니다.

② **I'm good.**

I'm fine이어도 되지만 무언가 물으면 '나는 괜찮아' 식의 패턴으로 자주 씁니다.

③ **Hey, Mike. How are you?**

우리말로도 '잘 있었어?'라는 말을 들었을 때 '잘 있었어, 고마워. 너는 잘 있었어?'가 아니라 '응, 마이크 너는?'이라고만 되묻는 것과 비슷합니다.

④ **Never been better.**

⑤ **Not too bad.**

⑥ **I'm hanging in there.**

⑦ **Surviving.**

→ 104

3

간단 자기소개

「안녕, 난 마이크야」「마이크라고 불러」

1. 안녕, 난 마이크야.
2. 마이크라고 불러.
3. ~를 좋아해.
4. ~를 자주 해.
5. 내가 좋아하는 ~은 …야.
6. 특히 요즘에는 ~에 빠져 있어.
7. 음, 괜찮으면 이번에 같이 ~하자.

→ 105

③

Quick introductions

「Hi, I'm Mike」「Please call me Mike」

① **Hi, I'm Mike.**
I'm 뒤에는 이름을 넣읍시다.

② **Please call me Mike.**
call me 뒤에는 불러줬으면 하는 별명을 넣어보세요.

③ **I love ~ .**

④ **I often ~ in my free time.**
여유 시간에 뭘 하는지 넣어보세요.

⑤ **My favorite ~ is … .**

⑥ **Especially I'm into ~ these days.**

⑦ **So let's ~ together sometime if you like.**

→ 106

「~면 돼」

will do

· Coffee **will do.**

· That'**ll do.**

· **Will** this **do?**

「~면 돼」▸ will do

여러 가지에 대해 '~면 돼, 충분해, 괜찮아'라는 의미로 쓸 수 있습니다.

커피면 돼.
Coffee will do.

그거면 충분해.
That'll do.

다음처럼 질문할 때에도 쓸 수 있습니다.

이걸로 괜찮아?
Will this do?

do는 여러모로 편리하게 쓰이는 표현입니다. do my homework에서는 '숙제하다'라는 의미로 쓰이는 것처럼요. 그 외에도 '해치우다'처럼 동작하는 것에 전부 쓸 수 있습니다.

머리를 손질하다.
Do my hair.

화장하다.
Do my make-up.

설거지를 해치우다.
Do the dishes.

4

동의

「완전 그럴 수 있어」「완전 내 말이 그 말이야」

1. 완전 그럴 수 있어.
2. 완전 내 말이 그 말이야.
3. 당연한 건데 말야.
4. 무슨 말인지 알겠어.
5. 그렇다면 뭐, 괜찮아.
6. 음, 그 말도 일리가 있어.
7. 괜찮을 거 같아.

④

Assent

「That's very possible」「I completely agree with you」

① That's very possible.

② I completely agree with you.

③ It had better.

④ I know what you mean.

⑤ Fair enough.

⑥ In a way you're right.

⑦ Sounds OK to me.

→ 110

5

부정

「그렇지도 않아」「완전 아님」

① 그렇지도 않아.

② 아니, 전혀.

③ 물론 아니야.

④ 아냐 아냐 절대 아냐.

⑤ 완전 아님.

⑥ 그럴 리가 없잖아.

⑦ 아니야.

⑤

Dissent

「Not really」「Not at all」

① **Not really.**

② **Not at all.**

③ **Of course not.**

④ **Never, never ever ever ever.**

⑤ **Absolutely not.**

⑥ **Far from it.**

⑦ **No way.**

대답은 Yes way로, '그럴 수 있어'가 됩니다.

→ 112

「~하지 않을래?」

want to

- Do you **want to** hang out tomorrow?
- Do you **want to** build a snowman?
- Do you **want to** wash the dishes?

「~하지 않을래?」 ▸ want to

직역하면 '~하고 싶어?'라는 의미로 약간 거만해 보여서 쓰기 망설여지지만 사실은 '~하지 않을래?'라는 느낌이에요. 무언가를 권유할 때에 쓰면 괜찮아요.

Do you want to hang out tomorrow?
× 내일 놀고 싶어?
○ 내일 놀지 않을래?

Do you want to build a snowman?
× 눈사람 만들고 싶어?
○ 눈사람 만들지 않을래?

가벼운 부탁을 할 때도 쓸 수 있습니다.

Do you want to wash the dishes?
× 설거지하고 싶어?
○ 설거지해줄래?

⑥

맛있어

「오 이거 괜찮다」「이거네, 이거야」

① 음~.

② 입에 짝짝 달라붙네.

③ 맛있어.

④ 공들여 만든 요리 같은 걸 먹을 때, 음미하면서
정말 맛있어.

⑤ 오 이거 괜찮다.

⑥ 기가 막히네, 입에서 살살 녹는다.

⑦ 이거네, 이거야.

→ 115

6

Good tastes

「Yum(my)」「It's scrumptious」

① **Yum(my).**
캐주얼한 표현으로 원래는 유아어.

② **It's scrumptious.**

③ **Tastes good/great.**
자주 쓰는 표현입니다.

④ **Delicious.**
맥도날드 같은 데에서 쓰면 위화감이 듭니다.

⑤ **I love it.**

⑥ **It's smashing.**

⑦ **It hit the spot.**

→ 116

7

맛없어

「이거 진짜 심하다」「윽」

① 이거 진짜 심하다.

② 윽.

③ 맛이 별로네.

④ 맛없어.

⑤ 이거 맛이 왜 이래.

⑥ 내 취향 아니야.

⑦ 이거 싫어.

7

Bad tastes

「It's awful」「Yuck(y)」

1. It's awful.
2. Yuck(y).
3. It's nasty.
4. Tastes bad.
5. It's gone bad.
   여기에서 'It's'는 'it has'의 생략입니다.
6. It's not my taste.
7. I don't like it.
   직역 그대로 '좋아하지 않아', '싫어해'라는 의미. 자주 나오는 표현입니다.

→ 118

8

맛, 식감 ①

「짜」「싱거워」

① 짜.

② 싱거워.

③ 써.

④ 매워.

⑤ 느끼해.

⑥ 산뜻해.

⑦ 진해.

→ 119

8

Tastes and texture ①

「Salty」「Bland」

① Salty.

② Bland.

③ Bitter.

④ Hot.

⑤ Fatty.

⑥ Refreshing.

⑦ Rich.

→ 120

9

맛, 식감 ②

「녹아내리는」「눅진눅진, 걸쭉걸쭉」

1. 녹아내리는.
2. 눅진눅진, 걸쭉걸쭉.
3. 바삭바삭, 아삭아삭.
4. 와삭와삭, 사박사박.
5. 찐득찐득, 끈적끈적.
6. 폭신폭신, 보송보송.
7. 쫀득쫀득, 쫄깃쫄깃.

9

Tastes and texture ②

「Melty」「Thick」

① Melty.

② Thick.

③ Crunchy.

④ Crispy.

⑤ Sticky.

⑥ Fluffy.

⑦ Chewy.

→ 122

식사 구분하기

- Meal
- Dish
- Food

식사 구분하기

meal, dish, food 같은 단어를 구분해서 쓰면, 음식 설명을 할 때 어느 정도의 양인지, 어떠한 특징이 있는지를 표현할 수 있습니다. 솔직히 전부 food라고 말해도 괜찮긴 해요. 그러니 좀 더 영어에 익숙해지면 구분해서 써보세요.

Meal : 1회분의 식사

예 라면 교자 세트

Dish : 일품요리

예 라면

Food : (사람, 동물 불문하고) 먹는 것 전반

예 어묵

Cuisine : 지역의 독특한 식사

예 일본 음식, 태국 음식

Specialty : 명물 요리

예 셰프 추천 요리

의성어 ①

「퍽퍽」「빵」

① 퍽퍽.

② 빵.

③ 펑.

④ 쿵.

⑤ 쾅.

⑥ 뻐끔뻐끔.

⑦ 후루룩.

⑩

Onomatopoeia ①

「Biff」「Bang」

① **Biff.**
타격음.

② **Bang.**
총격음.

③ **Bomb.**
폭발음.

④ **Boom.**
충격음.

⑤ **Crash.**
파열음.

⑥ **Puff.**
새는 소리

⑦ **Slurp.**
액체를 마시는 소리.

→ 126

11

의성어 ②

「콰쾅」「윙」

① 콰쾅.

② 윙.

③ 철커덩.

④ 휙휙.

⑤ 윙윙.

⑥ 삐.

⑦ 퐁당.

→ 127

⑪

Onomatopoeia ②

「Pow」「Whir」

① **Pow.**
타격 폭발음.

② **Whir.**
비행음.

③ **Clang.**
금속음.

④ **Zap.**
급한 움직임을 표현하는 소리.

⑤ **Buzz.**
날개 소리, 기계음.

⑥ **Beep.**
경보음.

⑦ **Plop.**
낙하음.

→ 128

⑫

봄에 하는 말

「멍 때려」「꽃가루 알레르기 땜에 미치겠다」

① 멍 때려.

② 꽃가루 알레르기 땜에 미치겠다.

③ 재채기가 안 멈춰.

④ 날씨 포근하다.

⑤ 빨리 여름이 왔으면.

⑥ 암울해.

⑦ 학교 땡땡이치고 싶다.

→ 129

⑫

Casual remarks in spring

「I feel spaced out」「Hay fever is tough」

① I feel spaced out.

② Hay fever is tough.

③ I can't stop sneezing.

④ It's mild (today).

⑤ Why can't it just be summer.

⑥ I'm too depressed.

⑦ I want to skip school.

→ 130

13

여름에 하는 말

「후텁지근해」「그늘로 가자」

1. 후텁지근해.

2. 그늘로 가자.

3. 피부가 벗겨질 정도로 햇빛에 타서
너무 타서 아파.

4. 차가운 것을 먹어서
머리가 띵하다.

5. 습기 때문에
머리가 부스스해.

6. 쪄죽겠어.

7. 바다 가자!

13

Casual remarks in summer

「It's muggy」「Let's get some shade」

1. **It's muggy.**
2. **Let's get some shade.**
3. **My sunburn hurts.**
   아프지 않은 쪽은 tan. get a tan은 '선탠을 하다', tan line은 '선탠 자국'을 말해요.
4. **I got brain freeze.**
5. **My hair is frizzy.**
6. **I'm melting… .**
7. **Let's hit the beach!**

→ 132

14

가을에 하는 말

「여름도 끝나가네…」「가을 냄새 나」

① 여름도 끝나가네….

② 가을 냄새 나.

③ 가을은 식욕의 계절.

④ 단풍 보러 가자.

⑤ 가을이 깊어질수록,

⑥ 해가 짧아졌다.

⑦ 외로워!

⑭

Casual remarks in fall

「Summer is about to end…」「Fall is in the air」

① **Summer is about to end… .**

② **Fall is in the air.**

~in the air는 '~의 분위기가 감돌다'라는 의미로 다른 계절이나 다른 경우에도 쓸 수 있어요.

③ **Fall appetite/munchies.**

munchies 쪽은 슬랭 표현입니다.

④ **Let's go leaf peeping.**

구어로 '단풍 구경'에 해당하는 표현입니다. (최초의 단풍구경꾼은 허리에 두른 서로의 잎사귀를 본 아담과 이브였을 거라는 미국 농담_옮긴이 주)

⑤ **As fall deepens,**

⑥ **The days are getting shorter.**

⑦ **I feel lonely!**

→ 134

15

겨울에 하는 말

「추워죽겠어」「얼겠어」

1. 추워죽겠어.
2. 얼겠어.
3. 손이 얼었어.
4. 정전기 일어났어.
5. 입술 텄어.
6. 입김 나.
7. 마트에 호빵 나왔더라.

⑮

Casual remarks in winter

「I'm freezing」「It's frosty」

① I'm freezing.

② It's frosty.

③ My hands are numb.

④ I got static (shock).

⑤ My lips are cracked.

⑥ I can see my breath.

⑦ I found Meltykiss in the store.

멜티키스: 메이지사의 겨울 한정 생초콜릿_옮긴이 주

→ 136

콩글리시 → 잉글리시

- 노트북 → laptop (computer).
- 콘센트 → Plug (+), Outlet (-)
- 아울렛 → Outlet mall.

콩글리시 → 잉글리시

——→ 콩글리시는 우리가 일상적으로 사용하는 말이고 그만큼 친숙해서 콩글리시인지도 잘 모르죠. 그러다가 외국인과 말이 통하지 않는다는 걸 깨달으면서 그제야 그 표현이 콩글리시였다는 걸 알고 '설마 이게 영어가 아니었다니' 하면서 놀라게 돼요.
콩글리시는 독일어나 프랑스어가 어원인 말도 있어서 완전히 틀린 말이라고 하기엔 사실 좀 그렇긴 해요. 영어도 타 언어가 어원인 말이 많이 있으니까요. 하지만 지금 우리에게 필요한 건 어쨌거나 미국에서 통하는 영어 표현이겠죠? 그러니 다른 건 모두 잊고 어디 한번 제대로 알아봅시다.

• 노트북	▸ Laptop, Laptop computer
• 콘센트	▸ Plug(+), Outlet(-)
• 아울렛	▸ Outlet mall
• 오더메이드	▸ Made to order
• 슈크림	▸ Cream puff
• 후드티	▸ Hoodie
• 추리닝	▸ Sweat shirt
• 원피스	▸ Dress
• 팬티스타킹	▸ Pantyhose
• 프리사이즈	▸ One size fits all
• 커플룩	▸ Same outfit
• 탤런트	▸ Celebrity
• 사인(서명)	▸ Signature
• 사인(유명인의)	▸ Autograph
• 샐러리맨	▸ Office worker

• 플레이보이	▶ Ladies' man, Womanizer
• 아르바이트생	▶ Part-time worker
• 찍찍이 테이프	▶ Velcro
• 오픈카	▶ Convertible
• 커닝	▶ Cheating (on a test)
• 앙케트	▶ Questionnaire
• 골든타임	▶ Prime time
• 언밸런스	▶ Imbalance
• 맨투맨	▶ One-on-one
• 콩쿠르	▶ Competition
• 게임 센터	▶ Video arcade
• 클랙슨	▶ Car horn
• 피에로	▶ Clown
• 아파트	▶ Apartment
• 오피스텔	▶ Studio apartment

⑯

캐릭터

「빵셔틀」「덕후」

① 빵셔틀

② 덕후

③ 샌님

④ 4차원

⑤ 범생이

⑥ 가식남

⑦ 롤모델

16

Characters

「Messenger」「Geek」

1. **Messenger.**

2. **Geek.**
   '특정 분야에 조예가 깊다', '전문가' 같은 긍정적인 의미도 포함합니다.

3. **Nerd.**
   지식은 있으나 외모에 무관심하며 교제가 서툰 사람들을 말합니다.

4. **Floater.**

5. **Brain.**

6. **Cheesy guy.**

7. **Wannabe.**

→ 142

17

애매한 평가

「그럭저럭」「괜찮네」

① 그럭저럭.

② 나쁘지 않고 그럭저럭
괜찮네.

③ 그닥 썩.

④ 나쁘지 않아.

⑤ 그런대로.

⑥ 상당히 괜찮아.

⑦ 꽤 괜찮아.

→ 143

17

Halfway decision

「So so」「Not bad」

1. So so.
2. Not bad.
3. Not quite.
4. Not too bad.
5. Fairly good.
6. Pretty good.
7. Rather good.

→ 144

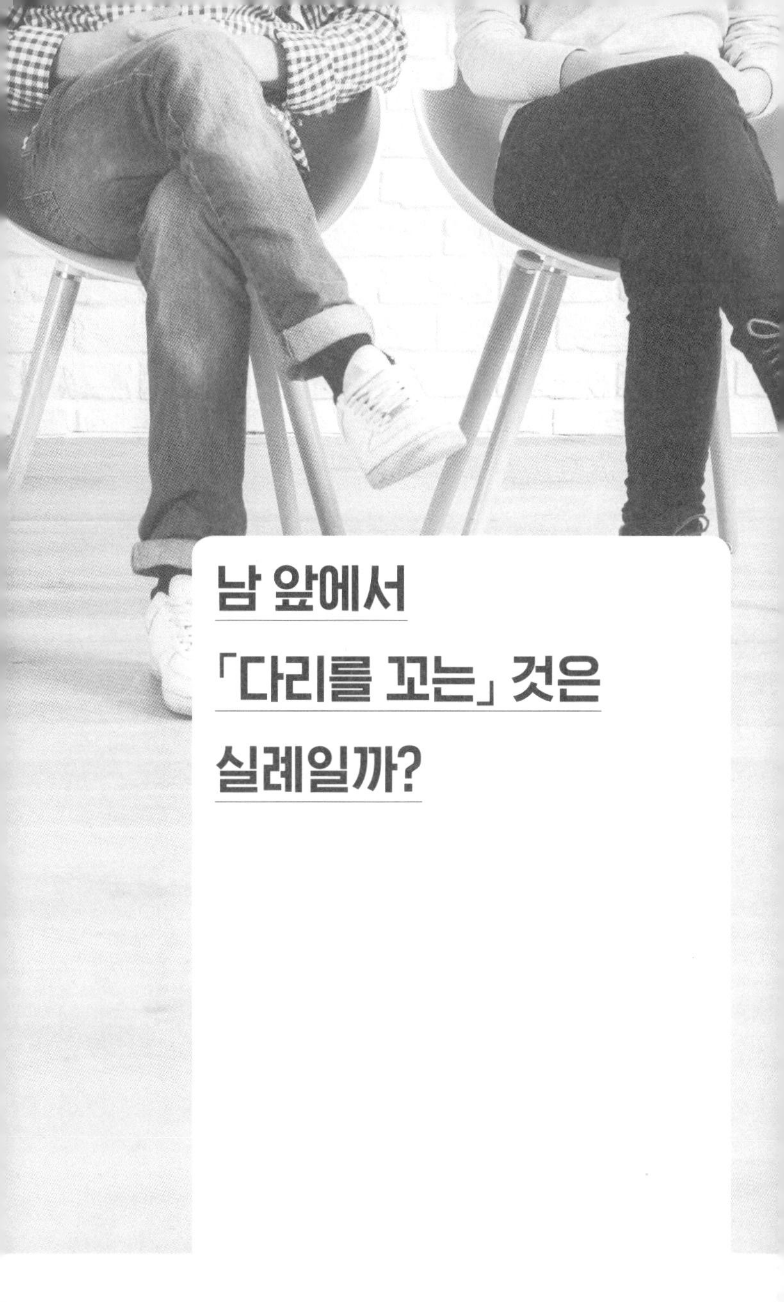

남 앞에서 「다리를 꼬는」 것은 실례일까?

남 앞에서 「다리를 꼬는」 것은 실례일까?

외국인이 인터뷰할 때 다리를 꼬는 모습을 본 적이 꽤 많죠? 그것은 무례한 태도가 아니에요. '긴장을 풀고, 그만큼 당신에게 마음을 열고 있다'라는 바디랭귀지입니다.

경의를 표하는 것과 호의를 보이는 것이 별개라고 생각할 뿐입니다. 그럼 호의만 있고 경의는 없는 거냐고 할 수도 있는데요, 그건 또 아니에요. 호의는 이렇게 표현하고, 경의는 또 다른 행위로 표현하면 된다는 사고방식을 가지고 있기 때문이죠.

악수가 거기에 딱 맞는 것이겠네요. 악수가 바로 경의를 표하는 대표적인 행위입니다. 원래는 '난 무기를 가지고 있지 않아. 자, 봐봐'라는 의미의 행위였는데, 요즘에는 상대와 가까워질 마음이 있다는 것을 표명하는 행위가 되었습니다. 악수는 자주 쓰는 손인 오른손으로 하죠.

포옹은 더욱 알기 쉽죠. 그건 애정 표현입니다. 친구끼리도 악수보다 더 높은 신뢰나 우정의 표현으로, 매번은 아니더라도 포옹을 하니까요.

⑰

시간 표현 ①

「이제 막」「바로 좀 전」

1. 이제 막.
2. 바로 좀 전.
3. 아까.
4. 이제 곧.
5. 나중에.
6. 최근.
7. 요전.

→ 147

⑰

Time expressions ①

「Just now」「Moments ago」

① Just now.

② Moments ago.

③ Earlier.

④ In a (little) while.

⑤ Later.

⑥ These days.

⑦ The other day.

→ 148

18

시간 표현 ②

「항상」「그동안 쭉」

1 항상.

2 늘.

3 그동안 쭉.

4 매번.

5 언제든.

6 평소.

7 24시간 내내.

→ 149

⑱

Time expressions ②

「Always」「All the time」

① Always.

② All the time.

③ All the while.

④ Every time.

⑤ Anytime.

⑥ Usually.

⑦ Around-the-clock.

→ 150

「그렇게」「그렇게까지」

that

- Is it **that** funny?
- I'm not **that** dumb.
- It wasn't **that** bad.

「그렇게」「그렇게까지」▶ that

갑자기 구구절절 말을 하는 것보다 '그렇게', '그렇게까지'라는 의미인 that을 사용하면 더욱 편하게 말할 수 있습니다.

그렇게 재미있어?
Is it that funny?

그렇게까지 바보는 아니야.
I'm not that dumb.

그렇게 나쁘지 않았어.
It wasn't that bad.

그런 식으로.
Like that.

뭐 그런 느낌.
Something like that.

CHAPTER

4

금단의 슬랭

—

Forbidden slang

→ 여기서 소개하는 표현들을 우리가 외워뒀다가 말로 할 필요는 없습니다. 오히려 이런 말들만 쓰면 없어보이니까요. 그렇지만 영화나 인터넷 등에 자주 나오는 표현들이라, 알고 있으면 영어에 대한 이해가 깊어지고, 더욱 영어를 즐길 수 있으므로 참고해두는 정도로 보세요. 특히 fuck은 아무리 젊더라도 쓰지 않는 사람들도 많기 때문에 당연히 사용을 권하지 않습니다.

4

1

fuck을 쓴 슬랭

「망했어, 젠장」「꺼져」

1. 망했어, 젠장.
2. 꺼져.
3. 그만해, 냅둬.
4. 저리 꺼져.
5. 너 뭐냐?
6. 뭐야 이거.
7. 헐 엄청 좋아.

→ 155

①

Slang with the word「fuck」

「Fuck up」「Fuck off」

① Fuck up.

② Fuck off.

③ Fuck it.

④ Go fuck yourself.

⑤ Who the fuck are you?

⑥ What the fuck (is this).

⑦ Fucking nice.

→ 156

②

shit을 쓴 슬랭

「엿 같아」「이거 끝내준다」

① 엿 같아.

② 이거 끝내준다.

③ '일일이 말하지 마'라는 의미로
당연한 거 아냐?

④ '동정은 하지 않아'라는 의미로
애통하시겠어.

⑤ 투덜투덜 불평 좀 그만해.

⑥ 뻥치시네.

⑦ 전혀 ~하지 않아.

②

Slang with the word「shit」

「This is shit」「This is the shit」

① **This is shit.**

② **This is the shit.**
the가 붙는 것만으로 정반대의 의미가 됩니다.

③ **No shit.**

④ **Tough shit.**

⑤ **Stop giving me shit.**

⑥ **You are full of shit.**

⑦ **~ for shit.**
not ~ at all과 같은 쓰임새입니다. 예: I don't like it for shit(전혀 좋아하지 않아).

→ 158

「젠장」「큰일이다」

damn

- **Damn**, she's so cute.
- **Damn**, I love it.
- **Damn**, sleepy.

「젠장」「큰일이다」▶ damn

욕이나 강한 감정을 드러낼 때, 혹은 '젠장', '끝내준다'라는 말처럼 거친 강조로도 쓰입니다.

젠장 이 녀석 귀엽네.
Damn, she's so cute.

끝내준다, 이거 너무 좋아.
Damn, I love it.

젠장 졸려.
Damn sleepy.

젠장! 아 제기랄! 무심코 혼잣말로 나오는 표현입니다.
Damn it.

젠장 맞을 놈, 이 자식아.
Damn you.

그딴 거 신경 안 써.
I don't give a (shit/damn/fuck).

괄호 안의 세 가지는 특히 쓰지 않는 편이 낫습니다. 미국인조차 경우에 맞지 않게 쓰면 인격을 의심받습니다. 아, 뉴욕 사람들은 fuck을 연발하지만요….

③

hip-hop적인 슬랭

「절친」「긴장 풀고 천천히 해」

① 절친.

② 긴장 풀고 천천히 해.

③ 짭새.

④ 멋있다.

⑤ 구려.

⑥ 운동화.

⑦ 100달러 지폐.

→ 161

3

Slang often used in hip-hop

「Ace」「Chill (out)」

① Ace.

② Chill (out).

③ Jake.

④ Tight.

⑤ Wack.

⑥ Kicks.

⑦ Benjamins.

100달러 지폐 속 얼굴이 Benjamin Franklin이기 때문입니다.

→ 162

4

10대의 슬랭

「완전 신나, 황홀해」「죽이지」

① 완전 신나, 황홀해.

② 죽이지.

③ 완전 재미있었어.

④ 완전 부럽다.

⑤ 대단한 일에 (닳도록) 몰두하다.

⑥ 그 녀석 고정멤버야.

⑦ 부모님(안 봤으면 하는 사람)이 이쪽 본다.

④

Popular slang among teens

「Turn up」「I'm killin' it.」

① Turn up.

② I'm killin' it.

③ It was lit.

④ I'm so jelly.

⑤ I'm on grind.

⑥ He's my squad.

⑦ 9.

인터넷 경보. 9라고 문자를 쓰는 시늉만 해도 주변에서 알아서 위험한 화제를 피해줍니다. 해제코드는 99.

→ 164

5

바보 멍청이

「구제 불능」「바보」

1. 구제 불능.
2. 바보.
3. 얼빠진 놈.
4. 얼간이.
5. 멍청이.
6. 바보 천치.
7. 덜렁이.

→ 165

5

Foolishness

「You're an idiot」「You're a fool」

1. You're an idiot.
2. You're a fool.
3. You're goofy.
4. You're stupid.
5. You're a jackass.
6. You're a moron.
7. You're silly.

→ 166

슬랭 스타일

줄임말

- want to ▸ wanna
- going to ▸ gonna
- I'm gonna ▸ I'mma

슬랭 스타일 줄임말

구어적인 표현으로 말로 할 때든 글로 쓸 때든 캐주얼한 상황에서 사용됩니다. 우리식으로 말하면 '줄임말' 같은 느낌이죠.

want to → wanna
going to → gonna
I'm gonna → I'mma
have to → hafta
have got to → gotta
give me → gimme
let me → lemme
out of → outta
kind of → kinda
don't know → dunno
I got you → gotcha
could have, should have → coulda, shoulda…

SNS 같은 곳에는 특히 글을 적게 써야 하니까 이것저것 쳐내려고 줄임말을 자주 사용하게 되죠. 그래도 많이는 쓰지 않는 편이 좋습니다. 너무 줄임말만 쓰면 좀 바보 같아 보이잖아요.

⑥

자주 쓰는 슬랭 ①

「아주 좋아, 완벽해」「쿨하지 않아」

① 아주 좋아, 완벽해.

② 쿨하지 않아.

③ 이모티콘.

④ 갈구다.

⑤ 진부해.

⑥ 물론(물론이지).

⑦ 아오 씨.

→ 169

6

Slang in vogue ①

「On fleek」「Zero chill」

① On fleek.

② Zero chill.

③ Emoji.

④ Roast.

⑤ Basic.

⑥ Obvi.
obviously의 약자입니다.

⑦ …af.
as fuck의 약자로, 말끝에 붙여 좋건 나쁘건 강조할 때 씁니다.

→ 170

7

자주 쓰는 슬랭 ②

「끝내줬다」「스웩」

1. 완전 잘 해냈다는 의미로
끝내줬다.

2. 스웩.

3. 힙스터.

4. 화났어?

5. 웃겨죽겠다.

6. 한 성깔해.

7. 얘가 너 디스했어.

→ 171

⑦

Slang in vogue ②

「I slayed it」「Swag」

① I slayed it.

② Swag.

③ Hipster.

④ Are you salty?

⑤ I'm dead.

⑥ He's so savage.

⑦ He threw shade at you.

→ 172

8

욕설

「이 자식이」「얼간이 같은 놈」

1. 이 자식이.
2. 얼간이 같은 놈.
3. 기분 나쁜 놈.
4. 시원찮은 놈, 모자란 놈.
5. 불쌍한 새끼.
6. 호구 같은 놈.
7. 괴짜.

→ 173

8

Swearing

「Bastard」「Dumbass」

① Bastard.

② Dumbass.

③ Creep.

④ Minger.
영국 영어적인 슬랭입니다.

⑤ Pathetic.

⑥ Tool.

⑦ Weirdo.

→ 174

9

인터넷상의 욕설

「어그로」「중2병」

① 폭탄.

② 히키코모리.

③ 기분 나쁜 덕후.

④ 십덕후.

⑤ 눈길을 끌만한 행동으로 주위의 관심을 끄는
어그로.

⑥ 비웃는 뉘앙스로
꼴좋다, 쌤통이다.

⑦ 중2병.

→ 175

9

Swearing on the net

「Uggo」「Basement dweller」

1. Uggo.
2. Basement dweller.
3. Neckbeard.
4. Moefag.
5. Troll.
6. Rekt.
7. Edgy.

→ 176

금지어 대신 쓰는 표현

- Fuck. → Freak, Screw.
- Shit. → Shoot.
- Ass. → Bottom, Butt.

금지어 대신 쓰는 표현

욕을 공공장소나 아이 앞에서 쓰는 것을 피하고 싶긴 한데, 제대로 감정을 나타내고 싶거나 말을 강조하고 싶을 때 대신 쓰는 말들을 소개할게요.

Fuck. → Freak, Screw.

Shit. → Shoot.

Ass. → Bottom, Butt.

Damn. → Darn.

God. → Gosh.

Hell. → Heck.

Jesus. → Geez, Sheesh.

God, Jesus의 경우 독실한 크리스천들은 '신을 함부로 불러서는 안 된다', '불경하다'라는 이유로 입 밖에 내뱉는 것을 피한답니다. 나이가 들면 들수록 그 경향이 짙어지는 느낌이 있어요. 학교 다닐 때, 용건도 없이 교무실에 가면 혼나는, 그런 느낌입니다. 찬바람만 좀 불어도 Oh my God이라고 하는 현지인도 있지만요.

⑩

연애의 슬랭

「자기야」「좋아하는 사람」

① 자기야.

② 좋아하는 사람.

③ 뒤에서 껴안은 채
결에 붙어 자는 모양.

④ 귀여운 여자.

⑤ 꽁냥꽁냥 (그 이상의 것을) 하다.

⑥ 꽃뱀, 돈이 목적인 여자.

⑦ 잘생겼다. 타고난 얼굴 자체가 뛰어나다는 의미로
얼굴 천재, 훈남

→ 179

10

Slang words of love

「Bae」「Crush」

1. **Bae.**
   Before Anyone Else나 Baby를 의미하는 슬랭입니다.

2. **Crush.**

3. **Spooning.**

4. **Chick.**
   듣기 싫어하는 여성도 있습니다.

5. **Netflix and chill.**
   '라면 먹고 갈래?' 같은 작업멘트예요. 지금은 말 그대로 '편하게 넷플릭스 본다'라고 받아들이는 사람이 훨씬 적습니다.

6. **Gold digger.**

7. **Mr. Right.**

11

텔레비전 볼 때의 슬랭

「~가 좋아서 미칠 것 같아」「히어로물 질려」

1. 좋건 나쁘건 너무 ~해서
   더는 못 참겠다.
2. **~가 좋아서 미칠 것 같아.**
3. **~의 열광적 팬/광신도.**
4. **~가 소중해.**
5. **히어로물 질려.**
6. **~가 너무 귀여워서 괴로워.**
7. **반짝스타.**

⑪ Slang for when watching TV

「I can't even」「I stan for ~」

① **I can't even.**
우리말의 '아… 더는…'에 가깝네요.

② **I stan for ~ .**

③ **I'm a stan for ~ .**
②와 아울러 Eminem의 곡명이 유래인 것 같습니다.

④ **~ is adorable.**

⑤ **I'm sick of capeshit.**
capeshit=거지 같은 망토라는 뜻입니다. 슈퍼맨도 그렇고 배트맨도 그렇죠. 히어로는 망토를 자주 걸치고 있으니까요.

⑥ **~ is too cute. It hurts.**

⑦ **One hit wonder.**

→ 182

⑫

일상적인 슬랭

「그놈은 진짜 별로야」「연하남 킬러」

① ~가 유행한다/유행이 끝났다.

② 어떤 남자에 대해서 말할 때
그놈은 진짜 별로야.

③ 땡땡이치다.

④ 넵.

⑤ 그 원피스 진짜 너한테 딱이다.

⑥ 젊은 남자를 노리는 적극적인 여자
.

⑦ 딱 걸렸어.

→ 183

⑫

Commonly used slang

「~ is in vogue/out of vogue」「He's such a jerk」

① **~ is in vogue/out of vogue.**

② **He's such a jerk.**

③ **Blow off (school).**

④ **Gotcha.**
I got you의 의미이며, 다른 의미로도 쓸 수 있습니다. 너무 가벼워 보이기도 하지만, 성인도 캐주얼한 상황에서 자주 쓰는 슬랭입니다.

⑤ **You rock that dress.**
우리가 드레스라고 말하는 것은 영어로 gown이라고 합니다.

⑥ **Cougar.**

⑦ **I got busted.**

「애매해」

iffy

- That's **iffy**.
- Friday is **iffy**.
- The Wi-Fi here is **iffy** right?

「애매해」 ▸ iffy

if에 y가 붙은 슬랭으로 '그다지 좋지 않아', '그다지 좋아하지 않아', '모르겠어', '확신이 없어'라고 말하고 싶을 때 우리말의 '애매해'와 같은 뜻으로 쓸 수 있습니다.

아 이거 애매한데.
That's iffy.

금요일은 (놀 수 있을지 없을지) 애매해.
Friday is iffy.

여기 Wi-Fi 들어오는지 애매하지 않아?
The Wi-Fi here is iffy right?

이것도 젊은 사람들이 많이 쓰는 말입니다. 25쪽의 '근데 진짜'와 왠지 비슷한 느낌을 풍기죠. 사실 이런 슬랭 같은 것을 쓰지 않아야 차분하고 어른스러운 말투를 가질 수 있겠죠. you know(17쪽), like(28쪽) 같은 가벼운 연결어도 사실은 안 쓰는 게 좀 더 정중한 느낌이긴 하지만, 이런 정도의 슬랭은 성인들도 꽤 일상적으로 쓰고 있습니다.

CHAPTER

5

대화를 위한 문법

—

Grammar for everyday conversation

→ '~의 경우에는 이 용법을 취하지 않는다'. 이런 설명, 정말 싫어합니다. 모든 의미를 무슨 공식처럼 한 번에 외우고 기억할 필요 없어요. 우리는 연구자가 아니니까요. 하나씩 익혀가다 일정한 선을 뛰어넘으면 '오, 이럴 때는 이쪽이구나'라는 판단이 서게 되니까요. '이건 써볼 수 있겠다', '써보고 싶다'라고 생각하는 것들만 우선 골라서 읽어보세요.

5

①

a와 the 구분법

a와 the 구분법

어렵게 생각할 필요 없어요. a와 the는 다음과 같이 해석됩니다.

a : 어떤
the : 저, 그

a와 the 중 뭘 써야 할지 모르겠다면 우리말로 먼저 뭐가 붙을지 떠올려보세요.

어떤 남자를 만났다. 그 남자는….
I saw a man. The man….

그 책을 사러 저 서점에 갔다.
I went to the bookstore to buy the book.

저 역에서 만나자.
Let's meet up at the station.

②

a와 the와 s 구분법

a와 the와 s 구분법

a와 the와 s, 어느 것을 붙이는지에 따라 대상의 범위가 달라집니다.

I like dogs. : 개를 좋아해.
'개'라는 동물 전반

I want a dog. : 개를 원해.
불특정한 한 마리

I want the dog. : 저 개를 원해.
특정한 한 마리

I like the dogs. :
(저기에 있는) 저 개들 전부 좋아해. = them
특정한 여러 마리

③

a도 the도 불지 않을 때

a도 the도 붙지 않을 때

대상 앞에 a도 the도 붙지 않는 경우도 있습니다. 왜일까요? 그것은 숙어처럼 쓰여서 그 대상 자체를 가리키는 뜻으로 쓰이지 않기 때문입니다.

통학.
Go to school.

취침.
Go to bed.

옥중.
In jail.

the가 붙으면 '(…하러) 침대로 가다'라는 뜻인 go to the bed (to…)처럼 '특정 이유로'라는 의미가 됩니다.

a나 the 중 하나가 붙을 것 같은 단어에 어느 것도 붙지 않아 '왜지?' 싶은 생각이 든다면 방금 설명한 내용을 떠올려보세요. 그러면 자연스럽게 그 대상과 관련된 숙어가 떠올라서 문장을 이해하기 쉬워질 거예요.

④

뭔가의 간격이 멀어지면 시제가 바뀐다

뭔가의 간격이 멀어지면 시제가 바뀐다

시간에서, 현실에서, 관계, 확신, 마음으로부터의 간격이 멀어질 때 시제가 바뀝니다. 시제라는 말 때문에 혼란스러울 수도 있는데, 어긋나는 것은 시간뿐만이 아니에요. 여러 가지로 전부 다 한발 물러선 상태가 됩니다.

- **현재에서 멀다 ➡ 과거**
  일주일에 한 번 그를 만난다. ➡ 어젯밤 그를 만났다.
  I meet him once a week. ➡ I met him last night.

- **현실에서 멀다 ➡ 가정**
  돈이 충분히 있다. ➡ 만약 돈이 충분히 있으면,
  I have enough money. ➡ If I had enough money.

- **입장, 사이가 멀다 ➡ 높임말**
  ~해도 돼? ➡ ~해도 될까요?
  Can I…? ➡ Could I…?

- **확신에서 멀다 ➡ 예상**
  그는 온다. ➡ 그는 올 것이다.
  He will come. ➡ He would come.

- **마음이 멀다 ➡ 경원**
  하고 싶지만 할 수 없다. ➡ 할 수 있어도 하지 않는다.
  I can't. ➡ I couldn't.

⑤ 과거 구별법

과거 구별법

과거	
현재에 영향이 없는 사건	어제 키를 잃어버렸다. I lost my keys last night. (다시 만들었다, 찾았다)
완료한 경험	그녀와는 3년을 알았다. I knew her for three years. (지금은 연락하지 않는다)
완료한 인생	세 번 하와이에 간 적이 있었다. He went to Hawaii three times. (생전에 간 적이 있었다)
완료한 단락	저번 주에 그를 봤다. I saw him last week. (어제, 저번 주, 저 달, 작년)

현재완료	
현재에 영향이 있는 사건	키를 잃어버렸다. I've lost my keys. (지금도 없는 상태)
계속되고 있는 경험	그녀와 안 지 3년이 된다. I've known her for three years. (지금도 만남이 있다)
계속되고 있는 인생	세 번 하와이에 간 적이 있다. He has been to Hawaii three times. (이제까지 간 적이 있다)
계속되고 있는 단락	오늘 그를 봤다. I've seen him today. (오늘, 이번 주, 이번 달, 올해)

⑥
완료형이라는 녀석

완료형이라는 녀석

이것도 어렵지 않습니다. 보통 과거형이 '점'이라면 have는 과거로부터 현재까지 이어지는 '선', had는 과거로부터 시작되어 과거에 끝난 선입니다.

기다렸다(지금 끝났다).

Have waited.

기다렸다(과거에 끝났다).

Had waited.

지금도 기다린다.

Have been waiting.

그때 계속 기다렸다.

Had been waiting.

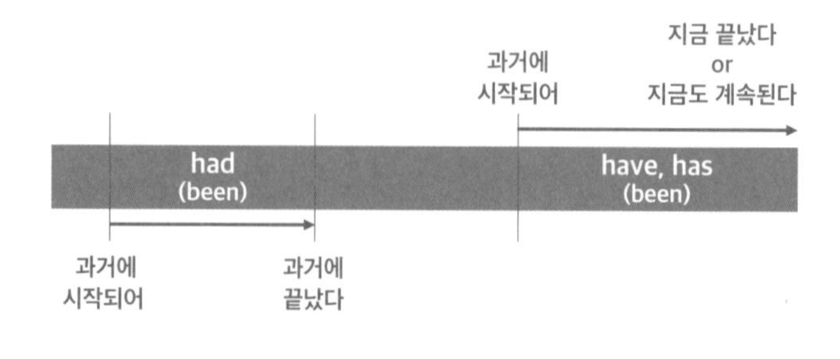

⑦

미래를 이야기할 때 알아두어야 할 것

미래를 이야기할 때 알아두어야 할 것

시제가 멀 때와 반대로 미래는 ing에 가까울수록 현실미를 더해갑니다. ing는 '(예정된 때) ~하는 중'이라는 구체성이 강하고, going to는 직역 그대로 '(현실을 향해) 진행 중', will은 '의지의 결정', might는 '가능성 있는', about to는 조금 별개로 '직전'이라는 이미지입니다.

- **~하기로 했다. → I'm ~ ing.**
  녀석과 7시에 만나기로 했다.
  I'm meeting him at 7.

- **~하려고. → I'm going to… .**
  일이 끝나면 친구를 만나려고.
  I'm going to hang out with a friend of mine after work.

- **~할 거야. → I will… .**
  일찍 회사를 떠날 거야.
  I'll leave the office earlier.

- **~할까 해. → I might… .**
  택시 탈까 해.
  I might take a cab.

- **지금부터 …할 참. → I'm about to… .**
  지금 레스토랑(의 자리)을 예약할 참이야.
  I'm about to book (a table at) a restaurant.

⑧

과거를 추측할 때 알아두어야 할 것

과거를 추측할 때 알아두어야 할 것

주어에 이어 '그때는~'이라는 패턴과 if문 뒤에 똑같이 주어에 이어 '그때 ~했다면, 이렇게 된다면'이라는 두 가지 패턴을 쓸 수 있습니다.

20%	**Could've → 였을 가능성도 있다(할 수도 있었다, 가능성이 있었다)** 알았다면, 있었을걸. (If I had known it) I could've been there.
40%	**Might've → 였을지도(했을지도 모른다)** 알았다면, 있었을지도. (If I had known it) I might've been there.
60%	**Should've → 아마 …였다(했을 터, 해야 했다)** 알았다면, 있었을 터. (If I had known it) I should've been there.
80%	**Would've → 분명 …였다(했을 텐데)** 알았다면, 있었을 텐데. (If I had known it) I would've been there.
99%	**Must've → …였음이 틀림없다(임이 틀림없다)** 알았다면, 있었을 게 틀림없다. (If I had known it) I must've been there.

조동사라 불리는 녀석은 동사(동작이나 상태를 가리키는 단어)를 '돕는' 역할을 합니다. 그게 뭐라도 동사 앞에 둘 뿐입니다.

⑨

그 외의 차이

그 외의 차이

남은 하나, 다른 한쪽
The other.

그 외 전부.
The others.

(복수 안의) 다른 하나.
Another.

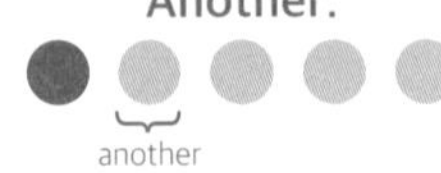

(복수 안의) 다른 몇 개.
Others.

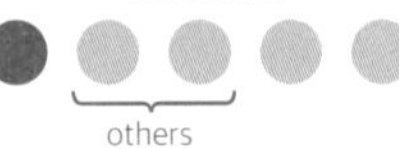

another는 an other가 원형으로, '이거 말고 다른 녀석'이라는 느낌이 강합니다.

양복을 고른다면

다른 색도 시도해볼게요.
I'll try other colors.

리필이라면

한 잔 더 주실래요?
Can I have another drink?

이런 식으로 구분하면 좋아요.

⑩ it's와 that's

it's와 that's

it's와 that's는 각각 가리키는 대상이 다릅니다.

it's : 대상에 대해
that's : 이야기 전체에 대해

조깅할까.

↓

It's nice.
'조깅' 좋지.

That's nice.
'그거' 좋네.

이야기에 나오는 '물건, 사건'에 동의 ➜ it's
상대의 '이야기 전체'에 동의 ➜ that's

덧붙여 this는 직면하고 있는, 눈앞에 있는 것이나 상황에 씁니다.

이런 거 싫어(이런 상황 받아들일 수 없어).
I don't like this.

⑪
to와 for

to와 for

전치사라는 녀석은 질이 안 좋으니까요. 기본 이미지를 두고 여러 문장에 대입해보는 것이 비결입니다.

throw를 예로 들면 이런 느낌입니다.

at : 점의 이미지 / 겨냥해서 내던지다
일부러 던졌지! ➜ You threw it at me!

to : 방향+도달 (→◆) / ~를 향해 던지다
아냐, 패스했을 뿐이야. ➜ No, I just threw it to you.

for : 방면+미도달 (< …◆) / ~쪽으로 던지다
그럼 좀 살살 줘! ➜ Then you should've thrown it for me!

look이라면 이렇게 됩니다.

look for 둘러보다 (눈에 들어오지 않는다)
코트를 찾고 있습니다. ➜ I'm looking for a coat.

look to 시선을 돌리다
검은 것으로 시선을 돌렸다. ➜ He looked to the black one.

look at 주목하다
그리고 소매를 응시했다. ➜ Then looked at the sleeves.

listening for는 듣기 위해 귀를 기울이지만 잘 들리지 않는 상태를 뜻합니다.

→ 210

⑫

날짜와 시간 앞에 두는 in, on, at의 차이

날짜와 시간 앞에 두는 in, on, at의 차이

in : 일정 기간

- in July : 7월에
- in winter : 겨울에
- in the 21st century : 21세기에
- in the Christmas season : 크리스마스 시즌에

on : 날짜, 요일, 특정일

- on the 1st : 1일에
- on Friday : 금요일에
- on a rainy day : 비 오는 날에
- on Christmas : 크리스마스 날에

at : 시각, 순간, 어느 한 시점

- at 9 o'clock : 9시에
- at that time : 그때
- at lunch : 점심때
- at Christmas time : 크리스마스 때에

아래로 갈수록 범위가 좁아진다

in
on
at

⑬ between과 among

between과 among

↓이거 엉터리 정보에요!

• between : 두 개의 사이　• among : 세 개 이상의 사이

숫자 문제가 아니라 사용할 때의 감각 자체가 다릅니다.

• between Ⓐs and Ⓑs → 구별 가능한 것 '사이'
남자들과 여자들 사이에 서다.
I stand between men and women.

AAA ○ BBB

• among → 섞여 있는 것 '속'
남자 여자들 속에 서다.
I stand among men and women.

ABBAB ○ BBAAB

장소나 위치, 입장 등 각각이 명확할 때는 between. 그렇지 않을 때는 among.

너는 달랐다.
You were different among them.

이럴 때는 두 사람 사이에 있어도 among입니다. 사람 수 같은 것과는 관계없이 바깥쪽의 두 사람은 단순히 그 외 여럿이기 때문이죠. 아무튼 기본 이미지는 '구별할 수 있는가 아닌가'입니다.

나무들 '사이'의 길(좌우로 구별할 수 있는)을 걷다.
Walk between the trees.

숲 '속'을 걷다.
Walk among the trees.

⑭

곤란할 때의 something

곤란할 때의 something

something, something을 두 번 반복하는 것만으로, 떠오르지 않거나 모르는 것을 적당하게 말할 때 '어쩌고저쩌고'라는 의미로 쓸 수 있습니다.
일부를 넣어도 괜찮고, 어디에 넣어도 OK입니다.

도라에… 어쩌고.
Dorae… something.

레드 어쩌고저쩌고 페퍼즈.
Red something, something peppers.

이런 식으로도 적당히 쓸 수 있습니다.
가끔 아래처럼 말할 때도 있긴 있잖아요.

'어쩌고저쩌고'가 '어쩌고저쩌고'였대.
I heard something, something was something, something.

⑮

not 구분해서 쓰기

not 구분해서 쓰기

I don't hope는 '바라지 않다'지요. 이 not의 위치를 바꾸는 것으로 의미가 확 바뀝니다.

… 그렇지 않기를 바라.
Hope not … .

… 하지 말자.
Let's not … .

… 하지 않아도 돼?
Can we not … ?

… 하지 않으려고 하다.
Try not … .

not의 뒤에 오는 말이 부정되는 형태가 돼요.
또한, 다음과 같은 예도 있습니다.

① 정말 싫어.
I really don't like it.

② 별로 좋아하지 않아.
I don't really like it.

①은 '좋아'를 '정말'로 부정.
②는 '정말 좋아'를 부정.
화제가 사람일 때는 너무 싫어도 무난하게 ②로 해둡시다.

⑯ as라는 녀석

as라는 녀석

as는 여러 사용법이 있는 것처럼 보이지만 실은 우리말로 바꿨을 때 뜻이 여러 가지인 거지, 기본 이미지는 하나입니다.
as는 =(등호)라고 생각하면 알기 쉬워요.
as가 들어가는 문장에서 as를 =(등호)로 바꿔 써봤습니다.

= you said → 말한 대로

= I grow up → 자랄수록

= a friend → 친구로서

= I left home → 집을 나옴과 동시에

= I got up early → (알다시피) 일찍 일어났기 때문에

= it's cold here → (진짜로) 춥기 때문에

do = I do → 내가 하는 대로

= soon = possible → 가능한 한 빨리

⑰ just 사용법

just 사용법

이것도 우리말로 바꾸면 뜻이 정말 많아 헷갈리지만, 그냥 '직후를 강조'한다고 기억하면 돼요.
자신에게 딱 맞는 뜻을 대응시키면 그걸로 OK입니다.

막 끝났다.
Just finished.

괜찮으니까 해.
Just do.

아무래도 무리.
Just can't.

그냥 왠지.
Just because.

단지 원해.
Just want.

바로 지금.
Just now.

딱.
Just right.

⑱

「가능하다」 구분해서 쓰기

「가능하다」 구분해서 쓰기

이것이 전부는 아니지만, 감각적인 기준입니다. 언제나 가능한지, 일시적으로 가능한지, 해도 되는지로 구분해서 쓸 수 있습니다.

- **can : 가능한가** (항상 가능한가)
  수영할 수 있다 (능력이 있다).
  I can swim.

- **be able to : 실현하는가** (일시적으로 가능한가)
  수영해서 저 섬까지 갔다.
  I was able to swim to reach the island.

- **may : 허가가 주어지는가** (해도 되는가)
  여기서 수영해도 될까요?
  May I swim here?

한편, 파생된 표현으로 다음과 같은 것도 있습니다.

- **used to : 지금은 다르지만, 예전에는**
  예전에는 빠르게 수영했다.
  I used to swim fast.

⑲

know 구분해서 쓰기

know 구분해서 쓰기

know 뒤에 무엇을 붙이는가로, 대상을 어느 정도 알고 있는지 구분할 수 있습니다.

- **know만 있을 때 : 직접**
  이치로랑 아는 사이야?
  Do you know Ichiro?

- **of : 단편적으로, 막연하게**
  이치로라고 알아?
  Do you know of Ichiro?

- **about : ~에 대해, ~의 주변**
  이치로 이야기 알아?
  Do you know about Ichiro?

만난 적 없지만, 이야기는 들은 적이 있을 때는 of, 구체적인 이야기를 할 때는 about을 붙이면 돼요.
이 설명과는 다른 이야기지만 '이치로라고 알아?'라고 할 때는 Do you know who Ichiro is?라고 써도 돼요.

영어에 높임말이 있다고?

영어에도 높임말은 있습니다.

이걸 꽤 착각하기 쉬운데 영어의 높임말이라는 것은 명확하게 존재합니다.

높임말이 없는 게 아니지만, 그것을 쓰는 빈도가 엄청 낮아요.

상사에게조차 프랜들리하고 'Call me Mike(마이크라고 불러)'라고 말하는 사장도 있으니까요.

'남 앞에서 다리를 꼬는 것은 실례일까?'(145쪽)와 '뭔가의 간격이 멀어지면 시제가 바뀐다'(195쪽)에서도 소개했던 것처럼 황송한 태도나 정중한 표현은 상대에게 거리감을 주고 왠지 모르게 우호적이지 않은 느낌을 줍니다. 나보다 높은 위치에 있다는 듯 거만하게 구는 것도 물론 싫어하지만, 상대가 너무 겸손을 떨거나 존경한다는 식으로 나를 너무 떠받드는 것도 꺼리는 게 강해요. 아마 벽을 느끼기 때문이겠죠.

물론 이런 건 사람마다 다른 부분이라서, 어떤 태도가 적당할지는 그 사람의 말투나 그 사람을 대하는 주변 사람들의 말투와 태도를 살펴보면서 알아가는 것이 간단하면서도 좋다고 생각합니다.

이 책에서 소개하는 말투로 평소에 왠지 어색하고 불편한 사람에게 말을 건다면…. 뒷일은 상상에 맡길게요.

오늘의
반말 영어

펴낸날 초판 1쇄 2018년 9월 1일

지은이 kazuma
옮김이 유인애

펴낸이 임호준
본부장 김소중
책임 편집 장여진 | **편집 1팀** 윤혜민, 안진숙, 박준영
디자인 왕윤경 김효숙 정윤경 | **마케팅** 정영주 길보민 김혜민
경영지원 나은혜 박석호 | **IT 운영팀** 표형원 이용직 김준홍 권지선

인쇄 (주)웰컴피앤피

펴낸곳 북클라우드 | **발행처** (주)헬스조선 | **출판등록** 제2-4324호 2006년 1월 12일
주소 서울특별시 중구 세종대로 21길 30 | **전화** (02) 724-7626 | **팩스** (02) 722-9339
포스트 post.naver.com/bookcloud_official | **블로그** blog.naver.com/bookcloud_official

ISBN 979-11-5846-252-9 13740

• 이 도서의 국립중앙도서관 출판예정도서목록(CIP)은 서지정보유통지원시스템 홈페이지(http://seoji.nl.go.kr)와
국가자료공동목록시스템(http://www.nl.go.kr/kolisnet)에서 이용하실 수 있습니다. (CIP제어번호: CIP2018025863)

• 북클라우드는 독자 여러분의 책에 대한 아이디어와 원고 투고를 기다리고 있습니다.
책 출간을 원하시는 분은 이메일 vbook@chosun.com으로 간단한 개요와 취지, 연락처 등을 보내주세요.

북클라우드는 건강한 몸과 아름다운 삶을 생각하는 (주)헬스조선의 출판 브랜드입니다.

I like it badly.

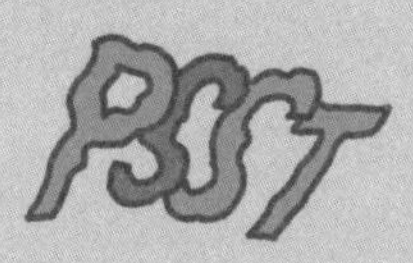

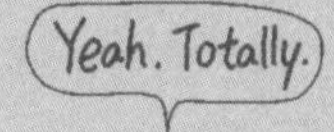

Like seriously what's going on.

PSST

Isn't it something? I got it from... the... Oh, ZARA.

BADAS

I bought... uh... the... Oh, NINTENDO SWITCH.

CLA